www.ingramcontent.com/pod-product-compliance
Lightning Source LLC
Chambersburg PA
CBHW022059170526
45157CB00004B/1403
* 9 7 8 1 3 8 7 7 7 4 5 3 1 *